RECUEIL D'HIVERS

LES MEILLEURS AMIS

THIERRY FABRE

RECUEIL D'HIVERS

LES MEILLEURS AMIS

ThF/Hivers 2021/2022

© 2023, Thierry Fabre
Édition : BoD - Books on Demand, info@bod.fr
Impression : BoD – Books on Demand,
In de Tarpen 42, Norderstedt (Allemagne)
Impression à la demande
ISBN : 978-2-3224-5729-8
Dépôt légal : Septembre 2022

POEMES ET TEXTES

UN ANGE EN HIVER

L'oiseau s'est envolé et nous l'avons
regardé dépasser le rocher de l'Ours dans la
splendeur du soir
Le voici délivré, m'a-t-il dit en se tournant
vers moi
J'ai vu ses petits yeux rouges dont l'un était
baigné de larmes
Oui, en effet, ai-je répondu
Nous étions d'accord et nous nous sommes
serré la main
Nous nous sommes rapprochés avec l'envie
folle de nous étreindre sans y céder
Alors nous avons pris le temps d'éprouver la
discordance de nos mains
L'une était tendre, molle à la pression
L'autre était rêche, rude à la caresse
Aucune ne semblait vouloir résister à ce qui
les opposait
La nuit promet d'être belle, a-t-il dit en
levant la tête pour l'exposer au vent
Et bien je m'en vais par ici et vous ?

Moi, j'allais tout à fait à l'autre bout
Allons ! Prenons ensemble par le centre,
cela reviendra au même, si tu veux bien ?
J'ai acquiescé et nous avons marché
longtemps, sans un mot, jusqu'à l'obscurité
la plus dense
Il a disparu soudain avant le point où nous
étions censés nous séparer et je n'ai plus su
de quel côté aller.

ÂMES SŒURS

L'éternité à l'insu de la vie est un fil de lumière
Les cœurs inséparés ont deux âmes en soutien
Main à main d'aventures dans un flux de sève
L'art d'enfouir les semences de fleurs en leur sein.

NEIGE

Neige en mai
La diversité des cristaux par-dessus celle des fleurs
S'empresser de sortir. Tenir la rampe de l'escalier comme un bâton de pèlerin
De bonne heure, sur le chemin faire des pas les plus légers possible
Sans quoi l'infime restant de nuit s'unit au fond des traces pour se répandre et noircir le soir comme une mauvaise solitude

Pluie de la patience : l'enfant résolu à voir virevolter ses premiers flocons dans la lueur des réverbères

D'où vient à la neige la faculté de neutraliser les odeurs dans ce qu'elles ont d'essentiel, les confondre pour n'en révéler plus qu'une seule sans mesure servant à la multiplicité des souvenirs ?

Elle est un silence où chaque peine peut
cueillir sa consolation
Une douceur qu'un ciel condescend à
l'homme avant d'y mettre un jour le feu

Veiller sur le trottoir à respecter les traces de
ceux qui nous ont précédés
Se contraindre s'il le faut à de grands écarts
dans les intervalles de petits pas et consentir
parfois à un pas sauté pour se rattraper.

PENSEES SONGES

Les ombres sont éphémères
Des encres jetées depuis le ciel aussi légères
Que des plumes pour marquer l'histoire
D'une vie affaiblie par la lumière
Telles les ombres en satin du réveil

La douce caresse des jaunes
Comme l'or s'extrait des chaumes
Conserve en son sein
Maîtresse en son berceau
Une promesse jusqu'au tombeau

Couronne du temps, jeunesse se meurt
Du mieux qu'elle peut être seule
Sur sa fin un mystère à genoux
La guide au son de l'âme jusqu'au seuil
De l'esprit qui croît en son cœur.

SOIE

Matin blanc et bleu
Tes petits pas de caresses
Sont mes yeux du corps.

SOUFRE

Mon corps habile en tous songes
Vit de soufre l'instant qui le désire
En suspens les heures qui suivent.

L'AMIE

Sueur d'âme endormie dans le flou de mes cils
Ses bras et ses jambes s'étalent de telle sorte que je la crois toujours tombée de haut sur mon lit

L'entier mystère de ses yeux clos
Cerne en demi-lune la douceur de ses joues
Ses mains jointes à la source du destin
Croisent ses lèvres au repos

Pudeur qui confesse à mon intimité
L'empreinte rugueuse du poids de son passé
Me rend plus vrai que toute autre femme
Qui ne sait garder la porte étroite

À l'aube de ce que je suppose être l'amour
L'Amie m'ouvre les yeux avec justesse
Sur ce qu'il me reste à combler d'amitié
Elle inspire à mon désir manifesté
L'initiation sans appui de mes faiblesses.

LA FIGURE

Le souvenir chaud et pressant de la caresse
De ses pieds posés sur les miens à l'instant
du baiser
Vient m'ancrer solidement en chemin

Cela semble être rond
Je dessine la forme avec mes bras
C'est exactement ça : un sourire

Ce soir quand elle m'ouvrira sa porte
Je reproduirai la figure
Et le sourire nous emportera.

LE DEPART

Je marche jusqu'au moment où je ne te reverrai plus
Guidé par le désordre des saisons
Depuis un sommet situé si bas
Qu'il ne porte plus graines ni garde traces
Je marche créant l'absence
Ultime voyage de croire jusqu'à douter
Quand plus rien en moi ne résiste
À cet élan désordonné du départ
Ravi par les larmes
Qui s'offrent à mon plus beau souvenir.

SHUKA

Shuka
Soie de chat
Nous sommes seuls au monde.

L'ENNUI

La lune donne derrière la fenêtre
l'impression de flottement
Une main besogneuse l'époussette avec le
sommet d'un tremble
C'est vers ce lustre que mon attention se
laisse porter
Il y a à l'opposé ce petit raclement insistant
près du volet
Sans doute une branche du jasmin abîmée
dans une faille du mur
Agitée par le vent qui s'obstine à son nid
comme un bourdon des pierres, si bien que
de la lune
Avant d'oser me regarder à nouveau, je jette
un œil attentif
Là où j'imagine voir surgir un fait
remarquable ou une diablerie.

LE BUREAU

L'air toujours très sérieux
Muni d'une craie devant l'ardoise
Une planche posée sur trois tréteaux
Sommer soi-même de ne pas s'interrompre
Préserver les images de la pensée à flux poussé
Cela n'empêche pas !
Remonte toujours l'idée suborneuse, toujours
Rompant le flux des autres
Seule, insidieuse, vous commande
Comme un impôt sur âme
Un objet édicté
Que cela ne tienne, s'y soumettre par défaut
Paresser, paresser jusqu'à l'ennuyer
Alors l'illustrer au naturel
Par un petit texte ou un petit dessin friable
Sur la poussière desquels souffler
Révéler à qui veut bien entendre
Les pensées équivoques contingentes
Pour ensemble s'en détourner
Soigner son vertige du salut

Tique, perfide coccinelle !
Veiller à ne plus sacrifier à cette idée
Changer de bureau.

LA CHUTE

L'Isère étrenne ce soir une sainte innocence
Même les grands oiseaux au-dessus des remous
Affolés par le reflet démantelé de leurs ailes
Se déroutent pour suivre une trajectoire lestée d'or
Le printemps brûlant d'amertume
Embrasait hier le souvenir des vignes sur le coteau
Je traverserai demain une dernière fois ce plan au plus court pour arriver assez haut
Là où un arbre compte encore avec les extrémités
Où s'engouffrent dedans plus de battements d'ailes que de poussières du monde
Où la nuit n'est jamais plus austère que l'ombre d'une fleur
Quand le bois sera sec après demain
Les brisées du vent tinteront comme des crécelles
Et le ciel ajoutera ses miroirs les plus durs

Alors je serai heureux de n'avoir rien perdu
Ni avoir rien surajouté
Dépourvu de tout sens commun
À l'aube du dernier jour
Mes chemins sertis en un unique fer de lance
Dégénèreront en une trainée de vapeur d'eau
Sans plus une seule épaisseur d'ombre
Affranchi des besoins
Je serai réduit à ce qui m'est le plus fidèle.

PARODIE

Une forêt de bambous
Il faut la traverser
Et puis nu courir jusqu'au bois du Mat
Là, après un repas frugal poursuivre au bras de l'apôtre
Prendre son bâton et le conduire jusqu'à toi, lui et vous
Il est là le sifflement de l'oiseau d'en haut
Plumage roi aux couleurs
Et mage de l'au-delà si bien rangé dans un mouchoir
Près de l'ile des mariés et des morts à naître
Tu es le gouvernement de ton goût d'avant
Perché sur le promontoire
Tu regardes passer les chevaux et les ânes
Et les ânes courent plus vite que les chevaux
Les chevaux boitent et trottent à reculons.

RETENU

Souvent je crois éclater en sanglots comme je me trouve parfois au bord de l'éternuement mais il n'en est rien

Chaque fois mille autres nouvelles pensées traversent sitôt mon esprit qu'elles me détournent de ce qui me cause tant de peine.

LES MONDAINES

À l'amorce d'une première réduction
Une transition étroite avec d'incessants
frottements
Des vieillesses s'échauffent et brûlent
parfois des années qui leur sont funèbres

Celles-ci en outre se détestent

Mais comment sont-elles devenues une aussi
terrible nécessité l'une pour l'autre ?

Par le seul fait d'en prendre conscience
Le chaos les a enfermées dans le
dissentiment

Elles se meuvent libres dans cet espace
Où plus rien n'échappe à leur acerbité.

L'INNOCENT

Pour autant
Ne nous faisons pas plus insensibles que
nous le sommes en vérité
Acceptons que transparaissent quelques
peines à notre corps défendant
Si cela nous vaut un sourire, serait-ce le plus
inattendu, embrassons-le
Faisons le nôtre et partageons-le avec ceux
qui nous préservent encore
Pour à la fin en sauver au moins un seul, le
premier
Celui de l'enfant qui croyait être libre.

LE SURSIS

C'est un peu l'émotion que l'on éprouve
dans le franchissement d'un dos d'âne sur
une route de campagne à vive allure
Le soulèvement du cœur à l'âme
À ne pas confondre avec ce saisissement
auquel nous soumettent les manèges à
sensation
Soit parce que le jet subi est trop violent,
soit à l'inverse domine une impression de
tassement
Nous privant du sursis offert par le
mouvement ascensionnel léger, subtil
Où l'on croit possible l'élévation par-delà
nous-même, plus parfaitement en soi
Qui révèle un très bref instant l'indice de
notre personnalité.

PEINTRE

Histoire d'une vocation
J'aime me lever de bonne heure bien décidé à peindre toute la journée et ne pas peindre du tout
Apostasie de la méthode

Mon atelier aux aspects d'une cellule en désordre d'un chartreux
Je crée de la poésie avec des occasions
Ouvrier inutile, prions sans en avoir l'air.

PRIERE

Ce jour où je souhaitais ne plus être incarné
la peau dure
Je Vous rendais visite
Chemin d'une main tendue sur les cendres
d'un matin ordinaire
Dans les traits de lumière d'un vitrail, je
dessinais mes silences
Mission d'amour
Avoir peur de Vous
Ni supplier, ni invoquer
Trembler juste
Et prier un jour que mon cœur fût pesé
comme un petit pain dans votre main sans
être brisé ni secondé par aucune aide
Grandir jusqu'au dernier souffle
Et avec votre esprit croire à ce qui était
perdu.

D'UN PERE A SON FILS

Je me souviens à présent de ce banc où nous étions assis
Nous assistions au théâtre de mon effacement
Le soleil mêlait nos ombres à celles des cerisiers d'Asie
L'inversion des rôles révélait nos sentiments
Alternance des forces, des fragilités et des incuries
Du rejet des ressemblances au triomphe des différences
Je veux te dire combien je t'ai aimé dès ta naissance
Un cœur de frère aîné alternant avec celui d'un père faillible
Ta mère a su apparier celui que je n'ai jamais cessé d'être : l'enfant
À l'homme, acteur intime de notre couple à l'écoute de nos désirs.

PAPILLON

Un grand papillon est un petit oiseau saoul
Il se montre à nous confondre et fleure bon l'amour
La poussière sur ses ailes est son élégance
Mille écailles d'éphémère saisissent sur l'instant
L'été pour toujours où les fleurs sont ses arbres
Le nectar son eau douce et la danse un trépas
Quand s'efface sur ses ailes la vie en sursis
Il s'agriffe à l'herbe sèche qui bientôt fleurit.

JARDIN

Arracher les mauvaises herbes dans mon jardin
Avant d'en faire un tas que j'écraserai avec mon pied
Prendre soin de les secouer sur ma butte potagère
Pour faire tomber les petits lombrics logés dans les racines
Les observer un moment s'enfoncer dans la terre
Sourire, sentir l'odeur de l'infime exhumé d'un semblant d'équilibre
Cueillir facultativement plusieurs branches de lilas
Les disposer en rentrant dans un grand vase rempli d'eau à côté de mon café encore chaud
S'étourdir de l'image furtive de la fleur commune aux deux effluves comme d'un parfum visible
Refermer la porte et probablement

remarquer depuis l'ouvrant
Deux merles sur ma butte retourner la terre
Et se régaler des petits vers trop peu enfouis
Hausser les épaules
Céder à cet ordre des choses.

REGRETS ETERNELS

Le jour éblouit dans la dentelure de l'arbre
La finesse de ses branches dont les feuilles vacillent d'or
Au-dessus des premiers fleurons d'ophrys
Me rappelle à mes meilleures saisons
Dès lors ma révolte est vaine

Je m'assois dans l'herbe rase
Les pieds à plat sur le fossile de l'estime
Médite devant une montagne de pierres sèches
Un cairn dont la pointe n'en finit plus d'être montée
Chaque jour le vent qui aiguise son sommet
S'étrangle comme un vieux ventilateur d'orgue

Je songe à la somme de toutes mes possibilités érigée dans les regrets
Un chemin ronceux bordé d'illusions en fait le tour

Mais c'est depuis mon ciel que je la tiens
La soulève et bois à sa source
Faisant messe du moindre silence.

CAMPAGNE

Des profondeurs des grands arbres
Chercher le silence à tire-d'aile
Cueillir depuis l'épicentre des verts
Quatre chemins blancs et âpres
Au parfum d'écorces

Un vent foulard de soie, une fougère
Les répons de la fleur au chœur des pollens
Aimer grimper à l'échelle
Suer, perler joli merle
Osciller en mon arc et retomber dans la paille

Hanté par ce rêve du retour
De l'absolu depuis l'Ourse
Son retour dans le sillage des astres
Ce rêve de l'absolu vertical
Qui perce enfin les eaux du ciel

VEILLEUR

Dis, quand est-ce le matin ?
Veux-tu bien me serrer contre toi ?
Comment la lumière préside-t-elle depuis les étoiles ?
La nuit je veille parce que je vois
Garde moi avec toi je te prie
Demain nous voguerons sur cette eau trouble
Que nous retraverserons à gué
Vois-tu comme le ciel est plan
À force de refléter nos peines
L'espace se réduit entre nous
Nous ne formerons bientôt plus qu'un
Plus fort, conscient de son destin
Cela mettra fin à nos illusions
Autant d'eaux au temps du feu
Dissiperont les trains qui nous séparent
Donne-moi ta main!
Je n'ai plus sommeil
Je voudrais me lever, me joindre
Avancer le matin.

JOUR DE MARCHE

Je ne laisserai ce matin rien ni personne altérer ma joie

Jour de marché, je traverse la place bien aise de ma résolution

La neige fond et les pavés regorgent d'eau qui ruisselle plus loin en joints étincelants des trottoirs

Des odeurs musquées se répandent avec le vent et se mélangent à cent autres parfums d'étals

Mes pensées cherchent des ailes, je les aide en fermant les yeux, nul doute que je sais maintenant comment seul nous étreindre.

JOUR DE FETE

Elle m'avait bien dit de ne pas m'en faire, qu'il suffisait de frapper à sa porte pour qu'elle ouvre.
Elle le tenait de celui qu'on déteste autant qu'on admire décédé juste après moi.
Jour de fête !
Obsèques sans espace, manquent des morts à l'appel. Dispensés sont-ils?
Cimetière en colline, stèle sur ligne de crête, lever de lune, vue plongeante sur patchwork insensé de maïs et tournesols : semence unique et triomphale d'un cœur bandé ou d'un soleil. Ainsi le monde, sa préférence au maïs. Des poulets en batteries de la défense.
Mieux vaut pourtant ne plus s'étonner de rien.
Ni des fleurs déjà fanées qui me sont jetées.
Comme il y a fort à parier que ma chatte la plus fidèle croupira au fond d'un refuge sans seconde chance.
Il est par conséquent préférable que l'animal meure avant moi.

J'ai choisi pour ses funérailles un joli coin mousseux dans une forêt d'oiseaux au cœur d'une futaie de jeunes bouleaux, fins dans leur traduction du vent, inventifs dans les nuances de leurs saisons : Shuka, tu m'abandonnes au monde…

Il est des solitudes qui sont des errances dans des états dont on n'a pas idée. Et si l'on apprend à tout le moins de leurs extravagances, il est encore rassurant au retour de sentir l'odeur de la croquette.

Soyons sérieux !

Pensez-vous qu'un mort témoignerait autant de sentimentalité ?

Un mort n'a que faire des vivants endormis ?

Ceux éduqués sur les bancs du mille-feuille : l'âme perdue dans ses strates de côté, empoissées les unes aux autres, s'empaumant les unes les autres sans savoir laquelle circonvient l'autre.

Ou l'esprit végétatif, penché au-dessus du gâteau, somme toute heureux d'aimer le sucre glace.

Mieux vaut encore un bout de pain sec et en faire son chemin.

Qui cherche a déjà trouvé. Pour peu de chercher au bon endroit. Mirage de la

découverte phénoménale et contingente qui mène au pouvoir du leurre. Maxi faux frère !
Soyons divins morts ou vivants, sans rancune ni sans trop d'amour.
Soyons à notre juste milieu.
Ainsi l'envoi avant que la police ne nous enseigne!

MARIAGE EN ETE

Quand bien même me faudrait-il respirer pour deux dans la touffeur du mois d'août
Je conduis la passion jusqu'au bord d'un lac de montagne
Ferme les yeux et vois qui nous sommes
Alors je succombe à l'inouï féminin comme je plonge dans l'eau fraîche et m'ébroue au feu du ciel
J'en appelle à nulle autre pareille !
Bénie soit cette joie ineffable
Je chérie sa douceur sans déchaîner la colère de la misère jalouse
Elle rappelle ce qu'elle est au fond la misère : un corps dont le désir dépend de celui d'un autre corps et son âme qui dépend des deux
Etre nôtre suffit donc
S'épouser soi-même dans l'air brodé de chênes et de pins
De bouleaux en bouquets, de mousses et d'orchis
Loin des figuiers dont les feuilles pendent comme des peaux tannées

S'aimer entre les taillis du coteau et manquer de s'asphyxier par la nuit jusqu'au débord du chemin où je respire enfin à voir la lune assis dans les étoiles calcinées des asphodèles
Rejeter ce qui est mort, consacrer ce qui est rétabli
Dans cet état de double vue, d'uniques humeurs
Avancer sans habits droit dans ce décor en bois sacré
Jusqu'à la chambre nuptiale.

HISTOIRE COURTE

La rencontre…

J'arrive devant chez elle avec dans les mains d'énormes roses blanches. Il est tard et elles éclatent comme des halogènes souillés dans le faisceau de sa torche électrique.
Je vous reconnais, dit-elle. Elle pointe son doigt en direction du quartier d'où je suis censé venir.
Elle cesse de m'aveugler et m'apparaît enfin entière, en chair et en os.
Le portrait virtuel, générateur de si bonnes impulsions à distance succombe à sa réalité…

Elle n'est pas tout à fait aussi belle, ni aussi chaleureuse que j'aimais à le croire. Beaucoup plus menue, le visage blême et la voix encore plus rauque.

Son parfum m'est en revanche étonnamment familier. L'impression unique de revenir au berceau et pouvoir me consoler de plusieurs années d'errance.
Cette émotion, aussi ingrate soit-elle, m'incite à l'enthousiasme dès la première rencontre.

Oh là là! Ne nous emballons pas, se défend-elle. Entrez et asseyons-nous.

Elle poursuit :

Admettons que nous soyons deux solitaires invétérés. La solitude nourrit l'imaginaire qui est une condition à notre existence. Mais une condition quelque peu subtile qui en appelle parfois une autre plus concrète, solide. Ainsi, l'un et l'autre simultanément rendus au plus fragile de notre solitude, comment ne pourrions-nous pas en effet considérer notre rencontre comme le lien fortuit ouvrant à cet autre qui nous ressemble... Les circonstances fondent alors notre amitié sur ce qui apparaît le plus passionné. Mais qu'en est-il vraiment ?

Elle pose ses deux mains jointes sur ses genoux et fait mine d'attendre une réponse.
Mais moi, j'ai juste envie de l'embrasser. Je lui fais part de mon désir. Elle me répond que c'est une possibilité qu'elle envisage aussi.

L'incomplétude...

Je vais lui chercher son verre d'eau et le place là où elle a l'habitude de le poser elle-même. La soif la réveille toujours au milieu de la nuit. Je l'entends chaque fois prendre le verre et écoute le bruit de l'eau qui s'écoule dans sa gorge. Elle se rendort aussitôt après un grand soupir tandis que j'essaie en vain de calquer ma respiration sur la sienne.

Le souvenir...

Plusieurs mois après notre rupture, elle remonte le quai Perrière enneigé d'un pas soutenu dans l'air secoué des voitures qui déboulent en sens inverse. En passant devant la fontaine au Lion, elle se rappelle le soir où nous descendions ensemble Chalemont, je lui montrais sans l'y inviter l'endroit que j'occupais le reste du temps. La récence de notre relation me permettait de garder secret cette partie de ma vie sans qu'elle ne s'en offusque. La brièveté de cette même relation m'épargnait plus tard de lui ouvrir la porte de mon bureau.
Rendue devant la façade qu'elle reconnaît avec certitude, elle observe la fenêtre au second étage en direction de laquelle j'avais lancé mon bras. Elle s'arc-boute un instant contre le muret, le cœur battant…

TROIS SOUVENIRS DE GOSS

Elle vivait dans une petite maison à deux étages au sous-sol de laquelle j'avais installé mon atelier. Je me souviens encore du jour où elle m'a surpris en train de détruire de vieilles toiles à coups de cutter. Elle s'est mise à hurler comme si je dépeçais des lapins vivants…

Quand elle pleurait, ce qui était fréquent les derniers temps, je me sentais infiniment fragile. Je persistais à croire que notre intimité pouvait être une porte d'un miracle sous-jacent. Je m'efforçais d'en chercher un signe à chacune de nos extrémités. En vain. Elle n'était déjà plus là.

Le lendemain du dernier chagrin auquel j'assistais, elle a pris le train de bonne heure pour Villingen.

Alors que je l'accompagnais à la gare, nous n'avons échangé aucun mot, juste quelques regards, pétrifiés par ce que nous pressentions tous deux.

Au-delà, le train l'a ramenée aux sources à travers des paysages dont elle s'étonnait toujours de la sensible évolution.

Elle se disait moche de formes mais élégante d'esprit. Malgré tout elle vivait nue chez elle la plupart du temps. Elle savait la vie qu'elle avait vécue et affirmait être plus vieille que ses parents.

Son corps s'amaigrissait de mois en mois. Son ventre plat enflait son sexe qui paraissait énorme et ses seins à large aréole retombaient comme la fleur du muguet.

J'étais touché par la confiance qu'elle me témoignait. Je ne sais si vraiment elle m'aimait, elle m'avait choisi pour l'accompagner dans l'épreuve qui l'emportait.

LES MEILLEURS AMIS

Il entre chez elle sans frapper l'air effaré et pose avec hâte son bouquet de tulipes rouges sur la table.

Il la salue d'un signe à peine perceptible et sans attendre se rue déjà vers la porte qu'il croit restée ouverte.

Mais le vent a rabattu la porte. Il s'y cogne assez durement et bascule en arrière.

Ainsi échoué sur les tomettes, dans un étrange inversement des éléments qui le composent, il prend maintenant son temps pour l'observer.

Sidérée. C'est ainsi qu'il la voit la première fois.

Puis il se redresse et franchit le seuil sans un mot.

Sa stupéfaction passée, elle se lève de son fauteuil et s'approche avec prudence de la porte.

Elle regarde depuis l'ouvrant l'inconnu sortir de son jardin et s'engager sur la rue.

Ce n'est pas la peur qui la conduit à cette précaution mais un besoin accru de se confronter aux réalités formelles de l'individu.

Il s'éloigne sous la lumière des réverbères en direction de la place. Elle ne voit pas son ombre cachée par la clôture, juste le reflet orangé de ses cheveux et le haut éclairé de ses épaules. En dessous, le reste visible de son corps se fond dans un clair-obscur bleuté qui finit par se confondre à la nuit.

Elle renonce à se rendre plus loin et suivre des yeux la silhouette jusqu'à la place pour savoir de quel côté elle disparaîtra au détour de la rue.

Elle ferme les persiennes, hausse les épaules, jette machinalement un dernier coup d'œil au dehors. Elle remarque en se retournant le bouquet de tulipes sur la table.

Elle aime les fleurs. Elle ne les jetterait pour rien au monde d'où qu'elles viennent. Elle emplit d'eau un grand et fragile pot de faïence, mais les plonge dedans sans ménagement ainsi qu'elle envisage de traiter l'intrus s'il revenait.

Pour l'heure elle se sert un verre de vin blanc et s'assoit sur une chaise à distance raisonnable du bouquet.

Elle prend le temps d'éprouver la matérialité des énormes fleurs devant elle qu'elle oppose au souvenir impalpable de l'homme entré chez elle par effraction.

Elle repense à sa chute. Elle chasse aussitôt l'idée d'en rire parce que ce serait lui témoigner trop d'intérêt.

Elle boit plusieurs verres et finit par l'oublier en vaquant à ses dernières occupations.

Mais l'homme revient le lendemain matin.

Il est très tôt et il la surprend au sortir de la douche. Tous deux gênés poussent le même cri aigu.

Elle regagne aussitôt la salle de bain tandis qu'il fait demi-tour et claque la porte derrière lui. Il ne réapparaît plus ce jour-là.

Il frappe le surlendemain mais entre sans attendre d'y être invité. Il entre toutefois avec beaucoup d'hésitation. Passe d'abord la tête. Elle découvre un visage peu commun.

Elle est assise dans son fauteuil, un livre à la main. Ses yeux levés par-dessus ses lunettes posées au bout de son nez, elle le regarde véritablement pour la première fois.

Puis se présente le corps. Ce n'est pas celui d'un athlète, tant s'en faut.

La voix la prie de bien vouloir l'excuser pour son arrivée inopportune de la veille.

À peine ces mots prononcés, l'homme tout entier se retire comme s'il craignait soudain une réponse cinglante à l'incongruité de ses venues.

Elle demeure pourtant sans réaction au contraire de ce qu'elle s'était promis, consent sans réprimer sa tolérance envers celui décidé manifestement à la distraire chaque jour de la plus singulière des manières.

Ne l'a-t-elle jamais vu ? Il est fréquent en ville de croiser et saluer chaque jour les mêmes personnes sans ne jamais les voir. Lui, l'a sans doute repérée. Elle lui a plu. Son esprit s'est chargé d'images avec le temps et ses sorties sont devenues de plus en plus intimidantes à l'idée de la rencontrer.

Elle est sûre d'une seule chose : c'est qu'il ne lui fait pas peur. D'ailleurs, pour ne s'être jamais enfermée à clé, elle remarque que les circonstances ne l'incitent pas à changer ses habitudes.

Il ne vient pas le quatrième jour. Elle l'attend toute la journée.

Quoi qu'elle entreprenne, s'interrompt ou se ralentit à l'idée possible de sa venue.

Plus déroutant est le souvenir de ses yeux. Ils s'imposent à son imagination sans formes précises mais lui apparaissent toujours d'un bleu céruléen si profond qu'elle ne décèle rien de la nature intime de son regard.

Elle observe la rue une dernière fois le soir en fermant les persiennes et change l'eau des tulipes qui commencent à onduler tout autour du grand pot.

Il frappe à sa porte et patiente le matin du cinquième jour.

Elle l'épie depuis la lucarne de sa salle de bain. Elle le fera attendre à son tour. Une contrepartie méditée depuis la veille. Elle ne se soustrait pas à cette petite faiblesse d'humanité. Elle y prend même un certain plaisir. Un sentiment qu'elle ne sait pas définir commence à l'emporter sur celui de la curiosité.

Elle s'assoit dans son fauteuil et laisse passer du temps non sans un peu de stress puisqu'il ne toque pas une seconde fois.

Elle se dirige d'ailleurs pour ouvrir après plusieurs minutes avec une précipitation peu commune de peur qu'il ne soit plus là. C'est à ce moment que l'homme lassé d'attendre choisit d'entrer. Et il entre avec une assurance qui lui fait défaut habituellement. Si bien qu'à la jonction des deux élans, la porte la heurte de plein fouet et à son tour, elle tombe à la renverse sur les tommettes.

Vu à l'envers, l'homme paraît rire mais au fond il sourit. Elle juge naturellement son attitude peu courtoise lors même que sa chute est sans conséquence. Il ne lui présente pas d'excuses, il a plutôt l'air de quelqu'un qui remercie.

Il se réjouit de découvrir en elle un peu de sa maladresse en plus des signes de timidité et de bienveillance qu'il avait déjà perçus. Il aspire depuis si longtemps à rencontrer celle qui caractérise assez de ressemblances.

Il lui sourit pour la première fois et tandis que fixée à son regard, elle se redresse en agrippant d'une main l'homme qui s'empressait de l'aider, de l'autre, sans doute un peu vexée, elle hésite à le repousser lorsque soudain rendue assez loin dans le bleu de ses yeux, elle comprend la raison votive de sa joie.

Passé ce léger moment d'égarement, ils reculent chacun d'un pas pour éviter tout malentendu.

Elle lui offre une tasse de café qu'il accepte de bon cœur.

Assis côte à côte sur la méridienne quelques jours plus tard, devant un plateau sur lequel outre deux verres de vin blanc est posée une assiette de petits fours, chacun à son tour affecte d'être tout à ses pensées en vue d'offrir à l'autre du temps pour l'observer.

Ils ne disent pas un mot, c'est déjà assez d'efforts soutenus. Ils se sourient quand parfois la discordance entre leur jeu les contraint à se regarder et ces instants sensibles électrisent leur ventre.

Toujours assis côte à côte sur la méridienne une heure plus tard devant un plateau sur lequel outre deux verres vides est posée une assiette de petits fours restée intacte, chacun à son tour se détourne de l'autre et aperçoit son reflet dans les assiettes du vaisselier dressé en face.
L'image est drôle parce que le marli en porcelaine déforme leur visage qu'ils s'empressent de comparer à l'original assis à côté et vu par alternance.
Cette caricature les distrait ou les effraie un peu. Ils s'en divertissent avant tout et d'un sourire l'autre, se surprennent à rire sans retenue, soudain désinvoltes.
Ainsi sortis de leur réserve, ils se hâtent de saisir un biscuit qu'ils gardent un très bref instant pincé entre deux doigts avant de mordre dedans à pleines dents, faisant du

bruit et aussi quelques miettes qu'ils balaient d'un revers de main.

Ils remontent ensemble la rue une ou peut-être deux semaines plus tard.
Il a neigé dans la nuit et leurs pas s'accordent en comprimant le feutre des cristaux.
Il longe le mur et secoue par jeu les grappes d'une glycine qui pendent devant lui. De la neige tombe sur sa tête qu'il laisse fondre jusque dans ses yeux. Et avec une fascination qui amuse la femme, il admire dans le voile de son regard l'épure du coteau au loin qui se révèle peu à peu dans la brume.
Elle sourit de le voir tenté par une transparence qui le dévoie de son chemin.
Elle le prend par la main et l'entraîne d'un pas décidé sous des arcades qui débouchent sur un petit jardin de ville où des primevères affleurent à la surface de la neige. Ils le traversent en serpentant autour des forsythias en fleurs jusqu'à une haie de houx doublée d'un vieux lierre dans les feuilles duquel hivernent en nombre ces petits papillons jaunes appelés citrons.

Passé le mur de pierres qui enceint le parc, au détour d'un fragile pont en bois, le terrain s'incline graduellement sous des arbres gonflés de sève jusqu'aux ruines d'un bassin recouvert d'une neige crénelée de ronces. La brume s'épaissit et le silence devient pesant.
Où m'emmenez-vous ? Où sommes-nous ? demande l'homme inquiet. Il ne se souvient pas d'avoir jamais arpenté un tel paysage si près de la ville.
Elle ne répond pas et tient sa main toujours plus serrée dans la sienne tandis que la pente se raidit encore à l'abord d'un sous-bois de chênes. Des rafales de vent réduisent leurs feuilles marcescentes en une fine poussière brune qui enténèbre la neige et augmente l'impression d'étroitesse du chemin.
Celui-ci s'insinue plus loin entre deux parois rocheuses et devient une sente boueuse sur laquelle leurs pas résonnent comme sur des dalles de verre. L'air est plus lourd et l'homme éprouve maintenant de la difficulté à respirer.
Où sommes-nous ?... Que faisons-nous ici ?
Dans un sursaut de peur, il s'écarte brutalement de la femme qui ne s'émeut pas.

Il observe autour de lui, le regard obombré par la pâle lueur du ciel. Il ne remarque aucun signe susceptible de le rassurer mais tente de se raisonner. Il se ressaisit, dit regretter de s'être emporté, avise néanmoins à lui faire avouer la raison de leur présence ici. Il avance vers elle demeurée silencieuse en faisant montre de fermeté quand elle tend le bras et le dissuade d'approcher.

Répondez-moi, je veux savoir ce que nous sommes venus faire ici ?... Et puis non, qu'importe, ne dites rien, je m'en vais !...

Je vous réponds et nous n'irons pas plus loin, dit-elle enfin d'une voix posée.

J'ai ressenti la nécessité de vous accueillir sans comprendre d'abord cette allégeance, dit-elle tandis que l'homme est contraint à une curieuse marche cadencée sur place pour échapper à la mouvance du sol sous ses pieds. Il est des jours qui sont des retours à soi... poursuit-elle. Il y a peu vous avez fait irruption dans ma vie... Connaissez-vous la raison qui vous a porté jusque chez moi ?... Et bien admettons qu'aujourd'hui, je vous ramène chez vous sans me l'expliquer.

Cessez ! Vous délirez !... Où êtes-vous ?

Il ne situe plus la femme lorsqu'elle fait silence dans l'obscurité de plus en plus dense. Il la soupçonne de tourner autour de lui. Cherche à l'appréhender en agitant les bras dans la direction du moindre bruit.

Vous êtes chez vous, insiste-t-elle. Et il vous arrive souvent de l'oublier, n'est-ce pas ?... Il était urgent, je crois, de rappeler ce lieu à votre conscience loin de tout simulacre si vous devez en sortir bientôt. Aura-t-on eu peur que vous renonciez à votre destin ?...

Que dites-vous ? Ça n'a pas de sens ! Aidez-moi à sortir d'ici! Supplie-t-il luttant pour rester debout.

Même si j'étais disposée à vous secourir, je n'en aurais pas l'autorité car ni vous ni moi ne sommes plus maîtres de votre sort, dit-elle à l'homme qui s'embourbe pesamment malgré tous ses efforts.

Vous ne simulerez plus. Vous séjournerez chez vous le temps qu'il faudra. L'on vous recommande de méditer votre puits où vous retrouverez la mémoire de vos chaînes, dit-elle en s'éloignant, le quittant aux confins d'une mauvaise solitude.

Elle rebrousse chemin entourée d'un fin halo de lumière.

Parce qu'il l'aperçoit plus distinctement, il veut la suivre oubliant qu'il est envasé jusqu'aux mollets. Il bascule en avant, éclabousse autour de lui, allonge le cou en le cambrant, le visage maculé de boue.

Attendez ! Non ! S'il vous plaît, restez ! Attendez !

Elle se retourne et considère la situation funeste de l'homme. Sans s'apitoyer, elle dit en recouvrant un peu de sa tendresse : soyez sans crainte !... Elle descendra... Elle vous retrouvera !

Quoi ?... Qui elle ?... De qui parlez-vous ?

Elle fait quelques pas encore se revêtant peu à peu de la lumière du jour, s'arrête, semble un moment réfléchir mais ne dit mot et reprend sa marche en avant.

Non... Revenez ! Je vous somme de revenir!... Attendez !... Qui ?... Qui doit venir ? Implore-t-il de la boue jusqu'aux genoux, résistant de ses dernières forces.

Elle hésite à parler à nouveau. Elle redoute l'importance des derniers mots. Elle ne sait plus ce qui peut être encore révélé ou ne plus l'être. Elle désire fuir, oublier l'affaire qui au fond ne la concerne plus.

Elle hésite à tout lorsque saisie par les sanglots de l'homme, elle consent à déclarer avant de l'abandonner à ses tourments : votre amie !... Votre meilleure amie reviendra !... C'est la bonne nouvelle.

INTRODUCTION A SOALLS

SOALL

Je me nomme Soall.
Que vous importe de savoir d'où me vient ce nom ?

Il y a longtemps, je naissais dans la coupe.
Je suis né à contre cœur, sacrifié volontaire.

Passé la sidération de votre lumière, je me suis adapté à votre espace et j'ai décrypté les signes de votre temps. Eduqué. Joueur. Rieur.

Mes premiers mots arrachés du fond de ma gorge cependant vous ont paru mystérieux, l'écho d'un spectre sur les conditions de votre existence que vous avez tenté aussitôt d'étouffer.

Quant au bleu de mes yeux en frayant son chemin, il a englouti votre regard.

Dès lors vous n'avez plus su me voir. Vous avez douté de vous-mêmes et avez cherché en vain celui né à votre insu.

J'étais petit, malingre en chair et frisé comme un caniche. J'étais timide et souffrais d'encoprésie. Résistant à l'assimilation, j'étais un Roi.

Vous vous êtes toujours refusés à le croire effrayés par l'idée engendrée. Ceux dont les yeux m'ont vu ont appris avec vertige le sort qui m'était réservé et la plupart m'a fui.

J'ai quitté pour vous une eau limpide. Elle baignait des forêts de ménalites sous un seul jour.
Je me suis exilé dans une carrière de reflets entre deux aplombs de nuit.

Souverain au milieu des buis, complice du petit monde animal ou perché l'ombre en croix sur le toit en granite brûlant du préau, j'étais un roi vaillant au combat.

Beaucoup plus fort que mon état grossier le laissait paraître, je n'ai eu de cesse de vous épargner.

Et si par imprudence, je vous causais la moindre peine, vous avez consenti que je souffre plus que vous pour me prouver combien je vous aimais.

Tout était juste, au juste prix de ma venue, si bien que pour votre cause j'allais être maudit.

L'esprit s'est éloigné à l'aube de mes sept ans pour me perdre à mes dix ans et je suis demeuré dans ma chair caverne à jamais suspendu entre deux chaos…

Table

UN ANGE EN HIVER	9
ÂMES SŒURS	12
NEIGE	13
PENSEES SONGES	15
SOIE	16
SOUFRE	17
L'AMIE	18
LA FIGURE	19
LE DEPART	20
SHUKA	22
L'ENNUI	23
LE BUREAU	24
LA CHUTE	26
PARODIE	28
RETENU	29
LES MONDAINS	30
L'INNOCENT	31
LE SURSIS	32
PEINTRE	33

PRIERE	34
D'UN PERE A SON FILS	35
PAPILLON	37
JARDIN	38
REGRETS ETERNELS	40
CAMPAGNE	42
VEILLEUR	44
JOUR DE MARCHE	45
JOUR DE FETE	46
MARIAGE EN ETE	49
HISTOIRE COURTE	52
TROIS SOUVENIRS DE GOSS	57
LES MEILLEURS AMIS	60
SOALL	76